Le canard

Un livre Dorling Kindersley
www.dk.com

Traduction française Lise-Éliane Pomier
Adaptation française Atelier Brigitte Arnaud

5757, RUE CYPIHOT
SAINT-LAURENT (QUÉBEC)
H4S 1R3

www.erpi.com/documentaire

Dépôt légal : 1er trimestre 2004
Bibliothèque nationale du Québec
Bibliothèque nationale du Canada
ISBN 2-7613-1558-8
K 15588

Imprimé en Chine
Édition vendue exclusivement
au Canada.

Envole-toi avec nous et regarde-nous GRANDIR !

Sommaire

Je suis un canard

Je suis bon nageur, mais je sais aussi voler ! Mon corps est recouvert de plumes douces et luisantes, totalement imperméables.

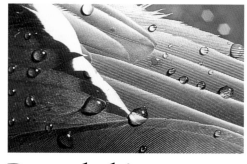

Regarde bien : les gouttes d'eau glissent sur mes plumes lustrées.

Sous mes plumes, le duvet me tient chaud.

J'ai des pattes palmées : une fine membrane relie mes trois doigts.

Les cannelures de mon bec permettent de filtrer l'eau.

Tourne la page pour savoir comment ma vie a commencé.

Queue en l'air !

Les canards sont capables de plonger sous l'eau et d'y rester assez longtemps pour chercher leur nourriture.

Glou...... Glou...... Slurp......

Avant ma naissance

Papa et maman se sont rencontrés au printemps. Ils ont décidé de construire un nid, où maman a pondu ses œufs. Et l'un de ces œufs, c'était moi !

Le mâle et la femelle restent en couple jusqu'à la ponte.

Les plumes du canard (ici, un colvert) sont très colorées. Le mâle les gonfle avec orgueil pour attirer les femelles.

Je te présent mon père !

Le plumage de la cane est plus discret. Sa couleur brune permet à l'animal de se confondre avec son environnement.

Et voici ma mère.

Le nid
Le canard et la cane construisent un nid de brindilles et d'herbes sèches et le tapissent de plumes.

À l'intérieur de l'œuf

Maman cane couve ses œufs
pour les tenir bien au chaud.
Elle reste dans le nid tout
le jour et toute la nuit,
jusqu'à l'éclosion.

Un édredon bien chaud
Le nid douillet est tapissé de
plumes. Les œufs y sont à
l'abri du froid et des chocs.

Attention, danger !

Les animaux prédateurs, comme le rat ou le renard, aimeraient bien se régaler avec les œufs !

Mais maman cane reste sur ses gardes. Quand elle repère un intrus, elle se précipite sur lui en agitant ses ailes, pour le faire fuir.

Rat

Renard

Tap, tap, attends-moi !

L'éclosion

À l'intérieur de l'œuf, je commence à trouver le temps long. Lorsque le moment de l'éclosion est venu, il me faut dix heures pour percer ma coquille.

Aïe, aïe, aïe, j'y suis presque !

Ouf, c'est fait !

11

À deux jours

C'est ma première promenade.
Quelle aventure ! Je fais bien
attention à rester tout près de
maman, pour qu'elle puisse me
protéger.

Mes frères, mes sœurs et moi, nous avons beaucoup de mal à marcher aussi vite q

Maman surveille les alentours. Elle est attentive à tous les bruits suspects.

...nan : elle nous entraîne à grandes enjambées !

Ce qu'il faut savoir

🦆 Les canards n'ont pas de nerfs au niveau des pattes : ils ne sentent jamais le froid, même sur un étang gelé !

🦆 Les pattes du canard sont faites de cartilage souple, comme ton nez ou tes oreilles.

Mon premier bain

À trois jours, je suis capable de flotter sur l'eau et je commence à barboter. Mes plumes imperméables me protègent du froid et de l'humidité.

Le sais-tu ?

Si un caneton a froid, il se réfugie sous les plumes de sa maman pour se réchauffer !

Comme une rame

Mes pattes palmées me permettent d'avancer dans l'eau.

Allons, mes petits, un peu de courage !

À deux semaines

Les canetons ont perdu leur duvet jaune et leur bec s'est allongé.

J'ai déjà un mois !

C'est très amusant de plonger
sous l'eau pour chercher
sa nourriture ! Mon bec plat
me permet de fouiller la vase.

Un caneton
est incapable
de voler, car
ses ailes sont
trop courtes.

Miam, miam !

Tu vois cette bestiole ?
C'est une friandise
pour mon déjeuner !
Dans la mare, je
trouve des quantités
d'insectes et de
délicieuses plantes
aquatiques.

_____Mes pattes palmées me permettent de garder mon équilibre.

Ce qu'il faut savoir

Les canards sont surtout végétariens. Ils mangent les plantes et les graines qui se trouvent dans l'eau ou à proximité.

Les biscuits et le pain, surtout en gros morceaux, sont dangereux pour les canards, qui risquent de les avaler tout rond !

Prêt à voler

J'ai huit semaines : mes ailes ont beaucoup poussé
Je suis impatient de voler comme les grands ! Mais
le plus difficile, c'est d'apprendre à décoller et à
se poser de nouveau !

Pour s'envoler,
les canards
battent des
ailes très
rapidement.

La queue du
canard lui sert
de gouvernail.

De plus en plus haut ! Je me sens léger comme une plume !

Un dernier élan,
et l'oiseau prend
son envol.

En formation
Lorsque les canards
parcourent de longues
distances, leur vol
respecte un ordre très
militaire, en V derrière
un « chef d'escadrille ».

Le cycle de la vie

Et voilà! Tu as pu suivre toutes les étapes de ma croissance!
Maintenant, je suis un canard adulte!

Mes cousins du monde entier

Voici un canard à face blanche, qui vit en Afrique du Sud.

Le canard des bois (ou canard huppé) construit son nid dans les arbres qui bordent les rivières.

Le canard pékin donne naissance à des canetons jaune vif.

Le canard siffleur à ventre noir fait un bruit de ballon qui se dégonfle.

Il existe dans le monde des centaines d'espèces différentes. Est-ce que tu en connais quelques-unes ?

Le mandarin, originaire de Chine, adore le riz et les céréales.

Le souchet possède un large bec aplati, en forme de spatule.

phwee-eek

À retenir :

🦆 La bernache noire est capable de parcourir 1 600 km sans se poser une seule fois !

🦆 Les canards sauvages migrent vers le sud au début de l'automne, pour passer l'hiver dans les pays chauds.

🦆 Le plumage des mâles est toujours beaucoup plus coloré que celui des femelles.

En battant des ailes, le garrot à œil d'or émet un léger sifflement.

Glossaire

Plumes

Éléments légers et soyeux qui recouvrent le corps des oiseaux.

Éclosion

Moment où un caneton (ou un autre animal) sort de l'œuf.

Imperméable

Qualifie une matière qui ne laisse pas pénétrer l'eau.

Nid

Endroit que le canard tapisse de brindilles et de duvet pour pondre ses œufs.

Palmure

Fine membrane qui relie entre eux les doigts d'un canard.

Plongeon

Mouvement de bascule qui permet au canard de s'immerger à moitié pour pêcher.

Crédits et remerciements

L'éditeur tient à remercier les organismes dont les noms suivent de lui avoir permis de reproduire leurs photographies (légende : h = en haut ; c = au centre ; b = en bas : d = à droite ; g = à gauche)
1 : Windrush Photos/Colin Carver c ; 2 : Masterfile UK c ; 2-3 : N.H.P.A./Manfred Danegger b ; 3 : Ardea London Ltd/Tom & Pat Leeson td ; 4 : Ardea London Ltd/John Daniels bl ; Pat Morris td ; 4-5 : Global PhotoSite Copyright © 2000 - 2003 Chris Edwards/Mal Smith cg ; 5 : Global PhotoSite Copyright © 2000 - 2003 Chris Edwards/Mal Smith td ; 5 : Oxford Scientific Films bd ; 6 : Ardea London Ltd/Kenneth W. Fink td ; 6-7 : Holt Studios/Primrose Peacock ; 7 : Oxford Scientific Films/ Mark Hamblin bd ; 8 : Premaphotos Wildlife/KG Preston-Mafham g ; 8-9 : FLPA - Images of Nature/Maurice Walker ; 10-11 : Premaphotos Wildlife/K G Preston-Mafham c ; 12-13 : Oxford Scientific Films/ Wendy Shattil and Bob Rozinski ;

14-15 : Ardea London Ltd/Brian Bevan, 15 : Ardea London Ltd/John Daniels td ; 15 : FLPA - Images of nature/Tony Wharton bd ; 16 : Ardea London Ltd/John Daniels g ; 17 : Ardea London Ltd/John Daniels ; 18 : Ardea London Ltd/John Daniels ; 19 : Ardea London Ltd/Chris Knights c ; John Daniels bg ; 20 : Ardea London Ltd/John Daniels tg, bd, bdh ; 20 : Chris Gomersall Photography cg ; 20 : Holt Studios/Wayne Hutchinson c ; 21 : FLPA - Images of nature/Jurgen & Christine Sohns ; 22 : Ardea London Ltd/Jim Zipp 2000 bg ; Kenneth W. Fink cgh ; 22 : Holt Studios/ Mike Lane td ; 23 : Ardea London Ltd/ Kenneth W. Fink td ; 23 : Getty Images/Richard Coomber tl ; 23 : Masterfile UK bd ; 24 : Ardea London Ltd/John Daniels bg ; Pat Morris cg ; 24 : Windrush Photos/David Tipling bd. Jacket Front : Barrie Watts tcd, Ardea/John Daniels bc.
Autres documents : © Dorling Kindersley.
Pour toute information complémentaire, voir : www.dkimages.com